CONSIDÉRATIONS JURIDIQUES ET PRATIQUES

SUR LES

ASSOCIATIONS CULTUELLES

ET

L'EXERCICE DU CULTE

AU REGARD DE LA LOI DU 9 DÉCEMBRE 1905

CONSIDÉRATIONS JURIDIQUES ET PRATIQUES

SUR LES

ASSOCIATIONS CULTUELLES

ET

L'EXERCICE DU CULTE

AU REGARD DE LA LOI DU 9 DÉCEMBRE 1905

Pour éclairer pleinement ma conscience et former ma conviction, j'avais prié quelques avocats du Barreau si distingué de Montpellier de vouloir bien rédiger, à mon intention, un *Mémoire* sur l'acceptation ou l'ignorance de la *Loi de Séparation.* Voici leur œuvre commune, rédigée et signée par les plus autorisés de ceux, à qui je m'étais adressé ; leurs deux noms suffisent à la recommander, et l'on ne s'étonnera point que je désire en faire partager autour de moi le bienfait.

Puisse ce travail contribuer à créer dans les esprits l'unanimité d'appréciation, sans laquelle l'unanimité de conduite est impossible ! Et puisse la fermeté tranquille des catholiques rendre vaines les intentions funestes de leurs ennemis !

† FR.-M.-A. DE CABRIÈRES,
Evêque de Montpellier.

A Montpellier, le 11 avril 1906.

Monseigneur,

Vous avez daigné nous demander de Vous présenter quelques observations sur les Associations cultuelles et sur l'Exercice du Culte, au regard de la loi du 9 décembre 1905. Nous nous sommes efforcés de répondre au désir de Votre Grandeur, en donnant à ces considérations d'ordre juridique et pratique la précision que comporte un semblable sujet. Et nous avons l'honneur de Vous en soumettre humblement la formule.

Les observations, qui vont suivre, sont conçues et écrites à un point de vue exclusivement civil — en ce sens que nous ne pouvions pas, — et que dès lors nous n'avons pas voulu toucher en rien aux considérations d'ordre spirituel et canonique.

Respectueusement attentifs aux enseignements de Notre Saint-Père le Pape, tant dans sa lettre Encyclique du 11 février 1906, que dans son Allocution consistoriale du 21 février 1906, nous nous sommes cependant efforcés de ne retenir et de ne discuter que les considérations laïques, — pourrions-nous dire —, que nous a suggérées l'examen de la loi du 9 décembre 1905, au point de vue spécial des Associations cultuelles et de l'Exercice du Culte.

Le caractère général de la loi, — les spoliations qu'elle

consomme, et dont elle veut faire complices les établissements publics destitués, — la confiscation qu'elle édicté,
— les charges nouvelles qu'elle impose aux catholiques,
en supprimant la redevance du budget des cultes, n'y
sont donc pas examinés. Nous ne les avons certes pas
perdus de vue ; mais il nous a paru préférable de limiter
nos observations actuelles au sujet principal, qui les a
provoquées.

A

Après une longue réflexion, consciencieusement
écartée de tout parti pris, il nous paraît que les dispositions de la loi du 9 décembre 1905 et du règlement
d'administration publique du 16 mars 1906, relatives
aux Associations cultuelles et à l'Exercice du Culte public,

1° constituent une dérogation notable, et d'ailleurs
injustifiée, au droit commun ;

2° tendent, législativement, à favoriser la prééminence
de la puissance civile et de l'élément laïque sur l'autorité
ecclésiastique, *même dans le domaine religieux ;*

3° sont de nature à gêner — par les dangers qu'elles
dissimulent ou par les menaces qu'elles contiennent, tant
pour les personnes que pour les biens —, la fondation
et le fonctionnement des Associations cultuelles, qu'elles
prétendent instituer ;

4° laissent la célébration du culte à la merci d'une
administration malveillante, ou d'adversaires sans scru-
pules ;

5° n'assurent enfin ni la jouissance des édifices du culte ni leur paisible possession aux Associations cultuelles, même fondées et fonctionnant en conformité parfaite de la loi civile.

I. — *Les dispositions de la loi du 9 décembre 1905 et celles du règlement d'administration publique du 17 mars 1906 consacrent des dérogations injustifiées au droit commun, au détriment des Associations cultuelles qu'elles instituent.*

a) Elles dérogent d'abord au droit commun, *quant au nombre des personnes*, qui doivent les constituer (art. 19, § 1) : ces personnes ne sauraient, on ne voit pas vraiment pour quelle raison, être moins de *sept*, et même moins de *quinze*, dès que *la commune* (non pas la circonscription paroissiale) aura plus de 1000 habitants (voir le discours de M. de Castelnau — à la Chambre, le 19 juin 1905 — *Off.* 1905. Ch. des dép., pp. 2290 à 2292);

b) Quant à leur fonctionnement : par suite des obligations spéciales qu'on leur impose (même art. 19, § 3), et dont le règlement d'administration publique a minutieusement aggravé les charges (art. 33 à 46), les destituant du droit commun et de la liberté de toutes les autres Associations (C. Ribot, 15 juin 1905. *Off.* Ch. des dép. p. 2254), et en les soumettant à un contrôle, que l'on jugerait sûrement inacceptable pour n'importe quel groupement de capitaux ;

c) Quant à leur capacité possible : puisque le paragraphe final du même article prohibe pour elles, de propos délibéré, (voir, à cet égard, le rapport de M. Maxime Lecomte devant le Sénat) la reconnaissance d'utilité publique, alors que, cependant, la loi leur impose l'obligation d'être au service du public (art. 25).

« Elles sont donc, comme le précisait si justement M. Flayelle, dans la séance du 20 juin 1905, *privées*, lorsqu'il s'agit de fixer et de limiter étroitement leur capacité ; mais elles ne le sont plus, lorsqu'il s'agit d'instituer contre elles un régime de contrôle et de surveillance ; elles sont *privées* quant à leurs droits, et *publiques* quant à leurs obligations. » (*J. Off.*, 1905, Chambre, p. 2341.)

II. — *Les dispositions de la loi tendent législativement à favoriser la prééminence de la puissance civile et de l'élément laïque sur l'autorité ecclésiastique, même dans le domaine religieux.*

Il est d'abord manifeste que c'est là ce que le législateur a voulu. M. Dumont l'affirmait, spécialement à l'égard des Associations cultuelles, quand il demandait qu'elles puissent comprendre dans leur personnel « quelques membres, qui ne soient pas immédiatement sous la mainmise des prêtres » (Ch., 15 juin 1905 — *J. Off.*, p. 2254).

Et l'on sait que, après qu'il avait été répété que « tout catholique pouvait en faire partie », M. Buisson donnait, en ces termes, la définition du « catholique » : Un catholique, « c'est un citoyen, *qui dit qu'il est catholique* » (Ch. des dép. 20 avril 1905. *Off.* 1905, p. 1609). M. Pelletan laissait clairement entrevoir, dans la séance du 24 mai 1905 (*J. Off.*, p. 1894 et suiv.) que « les circonstances de fait », dont l'art. 8 confie l'appréciation au Conseil d'Etat, ne sont, en réalité, que le moyen de paralyser les « règles

générales de l'organisation du culte », et d'enlever notamment à l'Evêque le droit « de placer ou de déplacer
les prêtres »: — formulant le vœu que « un prêtre répu-
blicain ne pût être disgrâcié, ni déplacé par l'autorité
diocésaine », destituant ainsi l'Evêque de son autorité,
et plaçant l'un de ses subordonnés, sous l'égide de la
puissance civile, à raison de ses opinions politiques.

Et l'on ne saurait méconnaître que, même quand il
luttait, le 20 avril 1905, à propos de l'art. 4, contre l'ex-
clusivisme inexplicable de la majorité de la Chambre, le
rapporteur, M. Briand, plaçait cependant l'Evêque, ou le
prêtre, — à l'égard de l'Association cultuelle —, dans
une situation, qui, sous couleur de droit commun, les
destituait, en réalité, des juridictions et des garanties,
accordées en toute matière spéciale (voir le discours de
M. de Ramel, à la Chambre, le même jour, *Off.* p.
1611), et que réclame plus nécessairement encore la
nature des questions cultuelles ou canoniques.

Il est non moins évident, que c'est au même résultat,
— prééminence de l'élément laïque —, que tendent les
dispositions de la loi :

a) Rien, de ce qui touche à l'exercice public de la religion, ne peut être fait légalement en dehors de la forme
de l'Association cultuelle (art. 18 et art. 23 de la loi).

En disposant ainsi, la loi civile a manifestement
franchi les limites du for spirituel.

Il serait faux, en effet, de prétendre qu'elle n'a
entendu régir l'Association cultuelle que sur le domaine du temporel.

Les articles 18 et 19 stipulent que « ces associations
doivent avoir exclusivement pour objet l'exercice d'un

culte ». Et, comme si ces termes n'étaient pas assez clairement oppressifs, M. Bienvenu-Martin rappelait, le 19 juin 1905 (*Off*. Chambre, 1905, p. 2300), que « la Chambre a pensé, lors du vote de l'art. 5, que le droit de s'occuper de bienfaisance n'appartenait pas aux Associations cultuelles ». Et comme M. Augagneur avait affirmé que les sermons ordinaires des dimanches et jours de fête devaient suffire pour l'instruction religieuse, le Ministre des Cultes n'hésitait point à limiter l'instruction religieuse, dont pourraient s'occuper les Associations cultuelles, à « l'instruction, qui doit mettre les enfants en état de recevoir les sacrements».(Chambre, 19 juin 1905, *J. Off*. p. 2300).

On s'est donc efforcé de destituer ainsi l'Association cultuelle, et avec elle le curé, qui serait à sa tête, du droit d'assurer l'enseignement complet de la Religion ; aussi bien que *du droit sacré de secourir les pauvres de la paroisse*. Et cette destitution inqualifiable trouve sa confirmation et sa mise à exécution dans les dispositions de l'art. 7, attribuant « aux services ou établissements publics ou d'utilité publique, dont la destination est conforme à celle desdits biens », tous « les biens mobiliers ou immobiliers, grevés d'une affectation charitable, ou de toute autre affectation, étrangère à l'exercice du culte ». L'une et l'autre de ces deux injonctions, dont la formule seule suffit à terrifier ou à révolter tout esprit sincère, sont-elles du domaine temporel ? Et de quel droit dès lors ces exclusions sont elles édictées par le pouvoir civil ?

b) Un instant, on avait pu croire que, entraînés par la logique, les législateurs ordonneraient, dans une pensée

de bonne foi, que les Associations cultuelles *devraient*
se conformer «aux règles d'organisation générale du
culte, dont elles se proposent d'assurer l'exercice» ; que
par suite, et suivant l'essence même de l'organisation
catholique, l'Evêque, dans son diocèse, serait, sauf les
recours canoniques, juge des difficultés, qui pourraient
survenir du chef d'un de ses prêtres ou, le cas échéant,
naitre entre deux Associations cultuelles rivales. « Les
biens devraient rester aux fidèles, groupés autour du
nouveau prêtre, désigné par l'Evêque, et en commu-
nion avec lui ». A cette catégorique affirmation de
M. Ribot. M. Briand répondait : « Je n'ai rien dit de
contraire à cette interprétation ». (Chambre, 20 avril
1905, *Off.*, p. 1610). Et l'art. 4 était ainsi adopté par
la Chambre.

Mais ce vote de simple raison devait provoquer
l'effroi des sectaires ; et l'art 8 venait bientôt (voir
Chambre des députés, 23 et 24 mai 1905, *Off.* p. 1851
et suiv.), sous la pression d'une polémique audacieuse
et tyrannique, attribuer au Conseil d'Etat la connais-
sance de ces difficultés possibles : — sans même qu'il ait
à demander l'avis de l'autorité ecclésiastique, et sans
qu'il ait à en tenir compte, autrement que comme d'une
« circonstance de fait », si l'Evêque le lui a fait parvenir.

Ne peut-on pas, dès lors, redouter, comme l'indi-
quait M. Briand, dans la discussion de l'art. 4, que la
jurisprudence ne vienne à «créer, à côté de la constitution de l'Eglise catholique, et en concurrence avec elle,
une constitution nouvelle ! », qu'il n'y ait par conséquent,
à côté du « curé nommé par l'Evêque et ratifié par le
Pape, un autre curé, nommé par la Cour d'appel du

ressort, et investi par nos juridictions civiles ?» (Cham
bre des députés, 22 avril 1905, *Off.* p. 1677).

Cette crainte ne doit-elle pas être d'autant plus forte que
l'art. 8 de la loi (discuté sous le n° 6, devant la Chambre, séance des 23 et 24 mai 1905) a été voté dans le
but avoué d'écarter les précisions, si logiquement faites
par le rapporteur, dans la discussion de l'art. 4, et si
nettement retenues alors par M. Ribot (voir la séance du
20 avril 1905, *J. Off.* 1905, p. 1609, etc.). Les explica-
tions du rapporteur, notamment dans la séance du 25 mai
et en réponse aux interruptions de M. Pelletan (*J. Off.*
p. 1919) laissent certes, bien le droit de penser que ce
que l'on a voulu, en acceptant alors l'expression « des
règles générales de l'organisation du culte », ce n'était
réellement ni consacrer, ni maintenir, avec un effet légal,
la hiérarchie essentielle du culte catholique. Au contraire, ces « règles générales du culte » sont abandon-
nées à l'appréciation, nécessairement *peu cultuelle*, des
juridictions civiles, préférées en dernière analyse. Les
circonstances de fait vaudront, suivant l'arbitraire de
ces juridictions, et non pas suivant l'importance, que
leur origine et leur conformité avec les règles générales du culte, qu'il s'agit d'assurer (*J. Off.*, séance du
27 mai, p. 1905 et suiv.) devraient légalement attribuer
à ces Associations.

La dignité et la liberté du culte sont donc, ici encore,
mises à la merci de l'autorité civile, puisque, sans recours
posssible, *celle ci tranchera*, les difficultés, même d'ordre purement spirituel ; et M. Ferneuil pouvait justement écrire (dans la *Revue politique et parlementaire*, 10 septembre 1905): « avec l'article 8, on a livré

les Associations cultuelles à l'arbitraire des décisions du tribunal administratif. »

Il ne saurait évidemment convenir aux catholiques d'accepter, comme légitime, cette ingérence de la puissance laïque dans le domaine religieux, ni conséquemment de se grouper en des Associations cultuelles, qui échapperaient forcément à l'autorité directe de leurs Evêques, et violeraient ainsi manifestement les règles essentielles de leur culte.

Enfin si l'exercice public du culte pouvait s'allier avec l'organisation des Associations cultuelles, l'Autorité Suprême du Souverain Pontife aurait seule qualité pour en déterminer la formation, comme aussi pour préciser les conditions de leur existence.

En dehors de ces règles, elles cesseraient d'être catholiques.

III. — *Les dispositions de la loi sont de nature à gêner la fondation et le fonctionnement des Associations cultuelles qu'elles prétendent instituer.*

Est-il besoin d'abord d'insister sur la nature et les conséquences des prescriptions administratives, édictées par le Règlement d'administration publique, dont la minutie effraierait le plus habile des comptables et découragera par avance tant de fabriciens ?

Peut-on se disssimuler en outre les conséquences des dispositions, relatives à la formation de leur patrimoine ?

Le texte de l'art. 19; § 4 semblait élargir, pour les Associations cultuelles, le droit, que la loi du 1er juillet 1901 a accordé aux Associations, déclarées suivant ses prescriptions. Il admettait notamment la « rétribu-

tion pour les cérémonies et services religieux, même par
fondation. » Mais la réponse, faite par le Ministre des
cultes à M. Auffray, dans la séance de la Chambre du
19 juin 1905 (*J. Off.* 1905, Chambre, p. 2299, etc.),
marquait déjà quelle était, à cet égard, l'étroitesse des
conceptions du Gouvernement ; et le règlement d'administration publique du 16 mars 1906 a rendu impos-
sibles les dernières illusions.

L'art. 33 dispose, en effet, expressément que
« les sommes à percevoir en vertu des fondations, ins-
tituées pour cérémonies et pour services religieux, tant
par acte de dernière volonté que par acte entre vifs,
sont, dans tous les cas, déterminées par contrat commutatif, et doivent représenter uniquement la rétribution
des cérémonies et des services ».

Une telle conception est inadmissible en droit ; car
la fondation, faite en vue de cérémonies et de services
religieux, a toujours été considérée comme une libéralité (voir, dans tous les traités, la doctrine sur les dons
et legs, faits aux établissements publics, et la jurisprudence établie) ; et ce n'est que par une confusion, involontaire sans doute, mais regrettable, entre
les traités volontairement commutatifs et les institutions volontairement libérales ; ou bien encore par une
confusion entre les conditions, fixées pour l'acceptation des simples aumônes, et celles fixées pour l'acceptation des véritables fondations, que M. le Ministre des
cultes a pu, le 19 juin 1905, (*Off.* Chambre, pp. 2299
et suiv.) prétendre que les fondations n'auraient pas le
caractère de libéralités.

Elle est encore inadmissible, selon la simple bonne

foi, car une fondation pour des cérémonies ou des services religieux est toujours, en réalité, une libéralité, dans l'esprit de celui qui la fait ;

Elle est, de plus, inadmissible, parce qu'une fondation semblable ne répond pas à la satisfaction d'un besoin, matériellement appréciable, mais bien à la réalisation d'une idée, d'un désir spirituel, dont celui-là seul qui l'éprouve et l'exprime, peut apprécier l'importance ;

Elle est inadmissible enfin, parce que, en exigeant que la fondation ne puisse être autre chose qu'un contrat commutatif, on exige, par cela même, que la somme, recueillie par l'Association cultuelle, soit l'exact équivalent de l'obligation qu'elle a assumée. Qui donc jugera, en pareille matière? Sera-ce encore d'après les *circonstances de fait?* D'après l'art. 23 de la loi, ces questions seront soumises aux tribunaux ; et d'après l'art. 46 du règlement d'administration publique, la nullité pourra être demandée par tous les intéressés, ou requise par le ministère public.

On ne saurait enfin se dissimuler, toujours au point de vue des Associations cultuelles, quelle est la portée des dispositions de la loi, relatives à ce qu'on a appelé la *police des cultes.*

1° *C'est d'abord l'art.* 23, punissant d'une amende de 16 fr. à 200 fr., et, en cas de récidive, d'une amende double, les directeurs ou administrateurs d'une association ou d'une union, qui auront contrevenu aux art. 18, 19, 20, 21 et 22, c'est-à-dire dans tous les cas, où, — soit quant au nombre des personnes devant les constituer, — soit quant au contrôle de l'assemblée générale,— soit quant aux ressources, qui peuvent alimenter les associations (art. 19), — soit quant à la tenue de leurs écritures (art. 21), — soit, enfin quant à la constitution des réserves (art. 22), les dispositions de la loi du 9 décembre 1905 n'auront pas été strictement observées.

N'est-il pas à craindre que le risque de semblables poursuites ne rende le choix des directeurs ou administrateurs des Associations cultuelles difficile partout, — impossible même dans bien des localités ?

N'est-il pas au surplus exorbitant que, dans tous les cas où une infraction aura été commise, les tribunaux puissent « prononcer la dissolution de l'association ou de l'union » ?

Peut-on, en cet état, promettre un lendemain à toute Association cultuelle ?

2° *C'est l'art.* 29, punissant des peines de simple police toute contravention aux articles 25, 26, 27 et 28, c'est-à-dire au cas d'inobservation, ou d'observation insuffisante, des dispositions légales, relatives à la publicité des réunions (art. 25). — De plus, et en dehors des cérémonies et autres manifestations extérieures d'un culte, que, loin de les laisser libres, ou simplement de les ignorer, on soumet à nouveau au pouvoir municipal, ce sont les sonneries de cloches, réglées, elles aussi, par arrêté municipal et au besoin par arrêté préfectoral (art. 27 de la loi, art 50 et. suiv. du règlement d'administration publique).

Ne sont-ce point les mêmes entraves au choix des directeurs et administrateurs, menacés de plus pour des infractions, inévitables sans doute, souvent ignorées par eux, et dont cependant la responsabilité leur incombera ?

3o *C'est l'art.* 31 — (cet article s'appliquerait également en dehors de toute association cultuelle)—, menaçant, d'une amende de 16 fr. à 200 fr., et d'un emprisonnement de 6 jours à 2 mois, ou de l'une de ces deux peines seulement, ceux qui, soit par voies de fait, violences ou menaces contre un individu, soit en lui faisant craindre de perdre son emploi, ou d'exposer à un dommage sa personne, sa famille ou sa fortune, l'auront déterminé à .... contribuer.......... ou à s'abstenir de contribuer aux frais d'un culte!

4o C'est enfin *l'article* 36, déclarant civilement responsable de l'infraction aux art. 25 et 26, et même du délit commis, personnellement par le ministre d'un culte, ou par tous autres, par des discours, écrits ou affiches, l'association, constituée pour l'exercice du culte, dans l'immeuble où l'infraction aura été commise.

Et ne doit-on pas voir encore dans ces deux dernières dispositions une menace à l'existence de toutes les Associations cultuelles, et même une entrave à la possibilité de leur constitution ? (M. Rudelle. 22 juin 1905 — *Off.* p. 2399).

En résumé, il est permis de craindre, comme l'ont si bien compris certains esprits autorisés, que : 1° la formation normale des Associations cultuelles soit impossible dans bien des localités, peut-être même, dans le plus grand nombre, c'est-à-dire dans les villages et les paroisses pauvres; — ou 2° que beaucoup, parmi ceux qui les auront constituées, ne se croient obligés, pour les laisser vivre, de faiblir sur bien des points, contre le cri de leur conscience, et sans doute aussi contre l'intérêt même de la religion et du culte, formant ainsi plus complètement « l'organe laïque », si désiré par le législateur — 3º ou que, à côté d'associations, qui voudront demeurer fidèles aux règles d'organisation générale du culte (catholique), d'autres se forment, dont les inspirations, quoique dissimulées, soient en réalité directement contraires à cette organisation. Et cependant ces dernières pourront, à raison de ce que l'on appellera les *circonstances de fait*, être les seules attributaires des biens mobiliers et immobiliers des menses, fabriques, conseils presbytèraux et consistoires !

IV. — *Les dispositions, relatives à la publicit; du culte, ainsi que la répression, dont sont menacés tous les discours, tenus dans les lieux du culte, ne mettent-elles pas l'exercice même de ce culte à la merci d'une administration malveillante, ou d'adversaires peu scrupuleux ?*

1º La police des lieux du culte semble bien, en effet, ne plus appartenir au curé dans son église. Et, bien qu'il soit raisonnablement impossible de lui contester, au moins s'il est d'accord avec l'Association cultuelle, le droit, qui appartient à tout concessionnaire de la jouissance d'un bien, et qui assure la liberté de cette jouissance, la loi n'a cependant jugé bon de le dire dans aucune de ses dispositions.

M. Allard, lui aussi, ne disait-il pas hier encore : « Il faudra arracher demain à l'église non seulement tous ses biens, mais aussi les derniers privilèges que la Loi lui a si malheureusement laissés. »

Ses dispositions sont conçues, au contraire, dans un tout autre esprit; et il est fort à craindre que l'on ne voie se reproduire, en maintes circonstances, particuliè- rement dans les petites paroisses rurales au cours d'un sermon plus ou bien compris ou interprété — ce qui a déjà pu se produire, tout près de nous, c'est-à-dire l'in- tempestive intervention d'un magistrat municipal élu, se réclamant de sa qualité d'officier de police judiciaire pour verbaliser. Il pourra, suivant ses tendances d'esprit du moment, ou même en obéissant à des préoccupations électorales, variables d'une localité à une autre, user d'un véritable droit de censure ou de *veto*. N'ira-t-il pas jusqu'à chercher, dans la loi de 1884, le moyen de suspendre ou d'empêcher l'exercice normal du culte, sous le prétexte d'un délit, d'une contravention, peut- être d'un danger imaginaire ou d'une sédition fictive, inventée ou fomentée par des adversaires, qu'il eût suffi d'arrêter dans leurs projets.

Il sera loisible, sans doute, en pareil cas de se prévaloir de l'art. 32 de la loi de 1905.

Mais cela ne fera point disparaitre la cause du danger, qui réside, manifestement, dans l'art. 25 de la même loi.

Tous les exercices du culte sont *publics*. Les réu- nions pour la célébration du culte, dans les locaux mis à la disposition d'une Association cultuelle, sont *publi- ques*. Elles ne peuvent être tenues que dans les condi- tions, prescrites par la loi du 30 juin 1881 sur les réu- nions publiques. Elles sont placées sous la surveillance des autorités; et le règlement d'administration publique, précisant plus rigoureusement que la loi, prévoit la

présence d'un fonctionnaire de l'ordre administratif ou judiciaire, qui peut choisir sa place, et qui, en définitive, aura seul la police de l'assemblée puisqu'il pourra même, en cas de collision ou de voies de fait, si faciles à provoquer, ordonner la dissolution de la réunion.

Le Règlement prévoit aussi l'intervention de la police municipale, par application de l'art. 98 de la loi de 1884. Un fait récent indique d'ailleurs déjà dans quel esprit la loi sera appliquée. Ne vient-on pas d'interdire la lecture de la dernière Encyclique, relative à la Séparation, dans les chapelles des Lycées ? Et qu'est donc une église ou une chapelle catholique, dans laquelle ne peuvent se faire entendre librement ni la parole du Chef suprême de la Catholicité, ni celle de l'Evêque et de ses prêtres ?

Ce danger est facile à comprendre. Et n'est-il pas vrai dès lors que l'exercice du culte, dans l'Association cultuelle, n'est garanti ni contre les entreprises d'adversaires peu scrupuleux, ni contre l'arbitraire d'une administration malveillante ?

V. *Enfin les dispositions, relatives à l'attribution des biens des anciens établissements ecclésiastiques, ou à la jouissance des édifices du culte, ne sont point une garantie de leur paisible possession.*

a) En effet, l'attribution, consentie aux Associations cultuelles, en exécution de l'art. 4, peut être ultérieurement contestée, comme l'indiquent le dernier paragraphe de l'art. 8 et le § 2, de l'art. 9.

Elle peut être ultérieurement contestée, — d'abord « en cas de scission dans l'association nantie », — puis en cas « de création d'association nouvelle, par suite d'une

modification dans le territoire de la circonscription ecclésiastique », — « et encore dans le cas où l'association
attributaire n'est plus en mesure de remplir son objet »
(art. 8 § dernier). Elle le peut enfin au cas de dissolution d'une association (art. 9 § 2).

La scission dans l'association nantie, *c'est le schisme.*
Et c'est le Conseil d'Etat, qui statuera !

Quant à savoir si l'association attributaire est ou n'est
plus en mesure de remplir son objet, c'est évidemment
une question d'appréciation plutôt subjective ; — Et
c'est le Conseil d'Etat, qui statuera ! Quelle règle sera
la sienne, à cet égard ?

La dissolution de l'association, peut résulter non
seulement d'une délibération régulière de l'Association, ce qui serait normal, et sans doute rare — ; mais
aussi de la décision judiciaire, prévue par l'art. 23 § final.
En ce cas, les attributions nouvelles peuvent être faites
à des établissements communaux d'assistance ou de
·bienfaisance. Est-ce équitable ?

b) Et ce qui concerne la jouissance des édifices du
culte (*celle des autres immeubles n'étant plus désor-
mais que temporaire*), la cessation pourra en être pro-
· noncée par décret, dans six hypothèses différentes, prévues par l'art. 13. Dans ce nombre, figure encore la
dissolution ; — puis la cessation du culte, pendant plus
de six mois consécutifs ; — ou bien l'insuffisance d'entretien des immeubles, ou des objets mobiliers ; — le cas
où l'association cesserait de remplir son objet, ou enfin
celui où les édifices seraient détournés de leur destination. Dans tous ces cas, il suffira d'un décret pour
ordonner la cessation de cette jouissance, le recours au

Conseil d'Etat demeurant la seule voie possible contre ce décret.

Les édifices des cultes peuvent d'ailleurs être désaffectés, dans tous les cas qui amènent la cessation de la jouissance, par décret rendu en Conseil d'Etat.

Ils pourront aussi être désaffectés, en dehors de ces cas, par une loi. Est-il téméraire de penser que ces désaffectations, en dehors de tout cas prévu, pourront être parfois consommées aisément par une loi ?

En l'indiquant comme il l'a fait, le législateur de 1905 a montré que les droits les plus certains pouvaient être méconnus ou violés par des lois d'occasion ou de combat.

Et le Président de la Commission de Séparation, à la Chambre, M. Buisson, avait, dès 1904, en sa qualité de Président de la *Ligue nationale des libres penseurs*, précisé, plus clairement encore ces intentions, quand il avait appelé à une plus grande activité l'association, dont il était alors le Président : — Association « régulièrement constituée pour la diffusion de la morale purement laïque, et décidée à faire valoir, même pour l'usage des locaux publics, dont l'Etat disposera, des droits concurrents à ceux des associations confessionnelles » (lettre citée par M. Grousseau à la Chambre le 27 mars 1905, *J. Off. p. 1086*).

M. Allard, lui aussi, ne disait-il pas, hier encore : « Il faudra arracher demain à l'église *non seulement tous ses biens*, mais aussi les derniers privilèges que la Loi lui a si malheureusement laissés. »

B

Venons maintenant à examiner quelle serait la situation légale des catholiques, dans le cas où ils voudraient *ignorer* la loi de séparation, et demeurer dans le droit commun ?

I. — *Quant aux biens appartenant aux fabriques, ou aux autres établissements publics du culte.*

Si les catholiques ne forment pas d'Associations cultuelles, il est certain que, *législativement*, tous ces biens leur échapperont, et, de par la loi, pourront être attribués soit aux Associations cultuelles divergentes, c'est-à-dire à des Associations, non reconnues par l'autorité ecclésiastique, soit aux établissements communaux d'assistance ou de bienfaisance. (Art. 3, 4, 5, 6, 7, 8, 9 de la loi du 9 décembre 1905).

Donc, si une Association cultuelle — non orthodoxe — est formée, et si elle réclame les biens (l'attribution ne lui en ayant pas été faite par l'établissement ecclésiastique actuel, dans le délai d'un an à partir de la promulgation de la loi, art. 4, art. 8), il y sera pourvu par décret.

Mais, en attendant, les biens sont mis sous séquestre, (Cf. art. 8, § 1 du règlement d'administration publique) par un arrêté préfectoral, qui en confie la conservation et la gestion à l'administration des Domaines.

Les règles relatives à ce séquestre seront fixées par

arrêté du ministre des Finances !! (art. 8, § dernier de ce règlement).

Enfin, il résulte de l'art. 8, § 1 de la loi, que cette attribution par décret pourra être faite, sans autre délai que l'expiration de l'année, à partir de la promulgation de la loi.

Si au contraire, aucuñe Association cultuelle ne se présente, le décret ne pourra intervenir, semble-t-il, — en vertu de l'art. 2 du règlement d'administration publique —, que dans le délai de deux ans, au profit des établissements communaux.

II. — *Quant aux édifices des cultes et aux réunions cultuelles.*

1° **Edifices.** — Tous les édifices, servant à l'exercice public du culte ou au logement des ministres des cultes, et qui sont déclarés appartenir à l'Etat, aux départements ou aux communes, ne pourront être mis à la disposition d'Associations cultuelles qui ne seraient pas constituées selon les exigences de la loi de séparation.

Il en sera de même des édifices du même genre, qui appartiendraient aux fabriques, ou aux autres établissements publics du culte, supprimés par l'effet de la dite loi. (Art 12, 13, 14 et suiv.)

Si donc, après le 9 décembre 1906, les catholiques, sans avoir préalablement organisé des Associations cultuelles régulières, prétendent ou demeurer eñ possession desdits édifices, ou en user, la loi permettra de les en empêcher, au besoin par la force.

La résistance à l'application de la loi entraînera des

poursuites, analogues à celles auxquelles donne lieu la résistance aux inventaires, — ce mouvement spontané, qui a si énergiquement affirmé la vitalité de notre foi —; elle exposera aussi aux autres poursuites, auxquelles pourra donner lieu la situation nouvelle, créée par la déclaration de propriété faite par l'art. 12 de la loi.

Si une Association cultuelle, non reconnue par l'autorité ecclésiastique, s'organise suivant les conditions de la loi, ceux même, qui n'auraient pas participé ou adhéré à son organisation, pourront assister aux cérémonies du culte, — qui seront forcément publiques ; mais si certains, parmi eux, voulaient empêcher ou troubler les exercices du culte, ils encourraient les peines, prévues par les art. 31 et 32 de la loi de séparation.

Il importe de noter cependant que, *quant aux édifices du culte*, il n'est, ni dans la loi, ni dans le règlement, question d'un séquestre ; et que la seule sanction, édictée par la loi, faute de réclamation par une A· sociation cultuelle, dans les deux premières années de la loi, c'est la désaffectation par décret.

Les établissements ecclésiastiques, dont l'art. 2 *in fine* a édicté la suppression, seront *légalement* méconnus ou ignorés par les pouvoirs publics, qui leur contesteront probablement l'usage de ces édifices.

Et l'on doit craindre que l'Etat, les départements ou les communes, propriétaires aux termes de l'art. 12, s'opposent, au besoin par la force, à l'entrée des catholiques dans ces édifices.

Notons au passage que le règlement d'administration publique est presque muet sur cette question — quatre articles seulement —; et aucun d'eux ne prévoit le défaut

d'attribution ; ils règlent seulement la forme de l'entrée
en jouissance, les réparations, la visite.

Quoi qu'il en soit, il n'est pas douteux que l'*igno-*
rance de la loi par les catholiques ne peut aller, chez
eux, sans la volonté d'affronter les risques, et notamment les condamnations pénales, que peut entraîner
toute résistance à la légalité. Mais, en ce cas, ce ne
seraient pas seulement des délinquants isolés, qu'il
faudrait poursuivre : ce seraient des milliers de catholiques ; car il y a, en France, soixante-quatre mille
églises ! Et l'on peut se demander si le gouvernement
n'hésiterait pas à entrer dans cette voie et à déchaîner
dans notre pays une véritable guerre religieuse ; on
ne gouverne pas contre la conscience d'un peuple !

Légalement, il restera encore aux catholiques la
faculté d'avoir des *lieux de culte,* autres que ceux dont
la loi règlemente la propriété et la jouissance : et il va de
soi que, en fait, ces lieux de culte ne pourront être cher-
chés qu'en dehors des églises ou des autres édifices du
culte actuel, — sauf pour ceux qui sont des *propriétés*
privées.

2° **Réunions cultuelles.** — Comment les catholiques, réduits à user de ces nouveaux lieux de culte,
pourront-ils le faire ?

a) Les réunions, dans ces lieux de culte, pourront-
elles être *publiques* ? Oui, sans doute, mais à la condition que l'on observe *toutes* les formalités, prescrites
par la loi de 1881 (déclaration préalable *spéciale,* constitution d'un bureau, etc.).

En somme, on ne voit guère que la possibilité de
réunions privées, et que l'exercice d'un culte *privé.*

b) A quelles conditions une réunion cultuelle pourrait-elle être considérée comme *privée* ?

Si l'on se réfère à la jurisprudence, déjà établie sur la distinction des réunions publiques ou privées, on doit reconnaître que, pour qu'une réunion soit considérée comme privée, il faut qu'on n'y admette que des personnes spécialement désignées, munies de cartes nominatives et individuelles. Une réunion, à laquelle le premier venu peut participer, même contre paiement du prix d'entrée, doit être considérée comme publique. La désignation *nominative* paraît essentielle pour la réunion privée.

Doit-on admettre qu'une carte permanente, au nom de la même personne, vaudrait pour tout un ensemble de réunions, par exemple pour tous les offices d'une paroisse, durant une année ?

Logiquement, il en devrait être ainsi, puisque la loi du 9 décembre 1905, en ce qui concerne l'exercice *public* du culte, admet une seule déclaration pour l'ensemble des réunions d'une année. Pourquoi le culte *privé* ne pourrait-il pas s'exercer de la même manière, avec des cartes permanentes, si elles étaient nominatives et individuelles ?

Il n'en est pas moins incontestable que, en pratique, pour l'organisation d'un service de paroisse, le culte *privé* offrira de sérieuses difficultés.

Il convient de noter cependant que les associations, légalement existantes (soit sous la forme de sociétés de secours mutuels, soit en conformité de la loi de 1901), peuvent exercer librement leur culte dans leurs chapelles, et y admettre librement tous leurs associés.

Elles peuvent, en outre, adresser à d'autres person‑
nes, *nominativement,* des invitations, leur permettant de
prendre part au culte privé, célébré dans les locaux pri‑
vés des associations. Car, — si la Chambre a repoussé un
amendement de M. l'abbé Gayraud, réclamant la liberté
de droit commun pour des associations, formées unique‑
ment en vue du culte public, dès lors qu'elles n'étaient
pas attributaires des biens confisqués et dévolus — ; et
si l'on admet que, — lorsque plusieurs personnes s'as‑
socieront pour ouvrir un lieu de culte au public, elles
devront former une association déclarée, selon les
prescriptions des art. 16, 17 et 18 du titre 4 du projet
(art. 18 et suiv. de la loi);— il est, au contraire, bien cer‑
tain que cette exigence ne saurait s'appliquer au culte
privé. Elle ne concerne que le *culte public,* c'est-à-dire le
culte auquel pourraient prendre part toutes les personnes,
voulant y être admises sans invitation personnelle, et
sans contrôle. Et le rapporteur, M. Briand, a nettement
reconnu à la Chambre, le 15 juin 1905, que la loi,
comme le projet alors en discussion, « ne s'applique qu'à
l'exercice public du culte, en France ». (*J. Off.* Cham‑
bre, p. 2245)

Tout ce qui vient d'être dit s'applique à l'organisation
proprement dite du *culte.*

Quant aux œuvres, qui n'ont pas pour objet l'exercice
proprement dit du culte, telles que des œuvres de cha‑
rité, d'instruction religieuse, etc., elles peuvent fonc‑
tionner, suivant le droit commun, et comme avant la loi
du 9 décembre 1905.

III. — Quant à *l'organisation financière* qu'impliquera même l'exercice du *culte privé*. Voici nos remarques :

La loi de séparation assujettit les associations, formées pour subvenir aux frais, à l'entretien et à l'exercice *public* d'un culte, à la forme des associations *déclarées*, régies par les art. 5 et suiv. de la loi du 1er juillet 1901 ; par contre, elle élargit la capacité de ces associations, notamment en leur donnant le droit de percevoir le produit des quêtes et collectes pour les frais du culte, etc.

Les associations pour le *culte privé* peuvent être *libres* ou *déclarées* : dans le premier cas, elles n'ont pas de capacité juridique ; dans le second, elles n'ont que la capacité juridique, déterminée par l'art. 6 de la loi du 1er juillet 1901 ; — dans les deux cas, on pourrait leur contester la faculté d'organiser, *comme associations*, des quêtes et des collectes ; seul, un système de cotisations pourrait être institué.

L'ensemble des considérations, qui précèdent, tendait à préciser les conséquences diverses de la loi du 9 décembre 1905, comme aussi les conséquences pratiques de « l'ignorance » de cette loi.

Elles n'ont pas la prétention de fournir une conclusion. Elles contiennent seulement l'examen consciencieux, et le consciencieux exposé des éléments juridiques d'une discussion.

Quelle que soit cependant notre réserve, quel que soit notre désir de nous défendre de toute discussion d'apparence polémique, on permettra bien à notre sincérité la remarque suivante :

L'esprit, dans lequel la loi a été conçue et votée par ceux qui la voulaient, peut-il rester douteux ? A ceux qui hésiteraient à cet égard, la lecture des *débats parlementaires* donnerait sans nul doute la certitude que les législateurs de 1905 ont cherché, dans la loi du 9 décembre, un moyen de déchristianiser la France.

« Nous voterons la loi, dit M. Bepmale, à la séance du 3 juillet 1905, parce que nous la considérons comme *une loi provisoire*, destinée à marquer une étape nécessaire, dans la marche de la laïcisation intégrale ». (*J. Off.*, Chambre, p. 2690). Le Gouvernement et sa majorité, ont bien pu poursuivre et faire déclarer la séparation de l'Eglise et de l'Etat, mais ils n'ont point voulu donner à l'Eglise la liberté, que le droit commun lui aurait assurée. Les Associations cultuelles, dit M. Rouanet, « ne constituent pas à nos yeux des associations attributaires privilégiées, mais des personnes morales, de nature à permettre à l'Etat de suivre leur évolution et leur développement, afin de pouvoir réprimer les abus, auxquels l'Eglise sera peut-être tentée de se porter, auxquels assurément elle se portera ». (*Journ. Off.*, Ch. des Dép. 16 juin 1905, p. 2251.)

Aussi, M. Ribot pouvait justement dire (23 mai 1905, *J. Off.* 1905, Chambre, p. 1858) : « Au fond, la Séparation, c'est une façade. Les associations catholiques, qu'on émancipe sur le papier, on veut les garder sous une tutelle plus étroite de l'Etat. »

La préoccupation, manifestée par M. Charles Dumont, d'éviter que les desservants et les curés ne soient « en état de sujétion, de tutelle, de servage » (Chambre, 22 avril 1905. — *J. Off*, p. 1674), n'est-elle pas une formule atténuée de la volonté réelle de rompre le lien de la hiérarchie catholique ? Et l'un des membres de la majorité parlementaire n'a-t-il pas envisagé la possibilité, pour les prêtres, de convoler en justes noces, sans abandonner pour cela leur cure et leurs fonctions sacrées ? M. Réveillaud, enfin, a, plus nettement encore, défini le but et prévu les effets de la législation, voulue par la majorité : *Que vous le vouliez ou non, vous ne pourrez pas empêcher, quand vous aurez proclamé la liberté, de voir pousser et se multiplier, comme des fruits de cette liberté, les schismes et les réformes. Je répète, concluait-il, que cela est tout à fait souhaitable, dans l'intérêt de nos institutions.* (Chamb., 4 avril 1905. *J. Off.*, p. 1209.)

On peut estimer que cela n'est pas aussi souhaitable dans l'intérêt de l'Eglise Catholique !

Est-il besoin d'ajouter combien nous voudrions compter sur la *loyauté de l'essai*, auquel semblent nous convier des esprits éminents, et combien il nous serait doux d'en attendre une atténuation au mal, dont souffre si profondément la conscience française ? Mais les leçons du passé, celles surtout d'un passé tout récent, — encore actuel, pouvons-nous dire —, permettent-elles de garder de semblables espérances, et de les encourager chez les autres ? Et cette « loyauté de l'essai » serait-elle la même des deux côtés ?

Le législateur de 1901 devait, disait on, borner son œuvre à l'égard des Congrégations religieuses à un simple classement, à une sélection : il s'agissait de leur donner un état civil, Ce devait être le *Concordat des Congrégations*. Protestations et promesses réussirent à endormir la vigilance des uns, à surprendre la bonne foi des autres. L'application fut brutale ; et les désastres demeurent irréparés, les misères poignantes ! La soumission presque unanime des victimes n'a point atténué la rigueur des exécutions.

La loi du 4 décembre 1902 marquait, bientôt après, la première atteinte aux Congrégations autorisées. Les protestations ne se produisirent que timides et rares.

Quelques mois suffirent alors pour que la signature de l'Etat Français fût officiellement protestée par une majorité sectaire (loi du 7 juillet 1904). Des exécutions implacables aggravèrent la rigueur de la loi.

La modération des victimes n'a rien pu sur l'âpreté des persécuteurs. La résignation légale n'a point désarmé la haine des Loges.

Si nous consultons l'Histoire, — sans empiéter sur un domaine, qui n'est point le nôtre, et en tenant compte uniquement des « précédents de fait » —, on ne saurait méconnaître qu'à l'époque révolutionnaire, l'Eglise catholique a subi, en France, les plus cruelles épreuves. Ce n'est pas par la soumission, qu'elle en a triomphé ; et bientôt après intervenait cette œuvre grandiose, détruite brutalement aujourd'hui, qui s'appelle « le Concordat ». Elle a assuré à notre pays cent ans de paix religieuse.

Plus récemment, en Allemagne, se produisait le *Culturkampf* : Est-ce M. de Bismarck, qui a triomphé par la soumission des catholiques ? N'est-ce pas lui, qui a dû, sinon venir à Canossa, du moins revenir sur ses propres démarches, démentir ses propres instruments, et offrir la paix?

Et nous pourrions citer encore, en d'autres pays, bien des faits, qui semblent démontrer que l'on ne saurait, — comme l'a dit du haut de la tribune l'un de nos plus implacables ennemis —, « effacer d'un trait de plume dix-huit siècles de notre Histoire » : ce trait de plume fut-il celui d'un législateur !

Ce sont là des considérations et des souvenirs, dont le respect de la légalité ne peut imposer l'oubli.

Laissent-ils place encore à la confiance en un avenir meilleur, à la condition de témoigner une aveugle soumission aux volontés du législateur de 1905?

Seul, le Souverain Pontife pourra nous le dire.

Daignez agréer, Monseigneur, l'humble hommage de nos sentiments d'attachement respectueux et de filial dévouement.

L. GUIBAL,
Avocat à la Cour de Montpellier,
Ancien Bâtonnier de l'Ordre.

G. RACANIÉ-LAURENS,
Avocat à la Cour de Montpellier,
Ancien Bâtonnier de l'Ordre.

Manuf're de la Charité. — Pierre-Rouge. — Montpellier

www.ingramcontent.com/pod-product-compliance
Lightning Source LLC
Chambersburg PA
CBHW060809280326
41934CB00010B/2619